द्वन्द्वगीत

द्वन्द्वगीत

रामधारी सिंह 'दिनकर'

लोकभारती प्रकाशन

लोकभारती प्रकाशन
पहली मंजिल, दरबारी बिल्डिंग, महात्मा गांधी मार्ग
प्रयागराज-211 001
वेबसाइट : www.lokbhartiprakashan.com
ईमेल : info@lokbhartiprakashan.com
शाखाएँ : 1-बी, नेताजी सुभाष मार्ग, दरियागंज
नई दिल्ली-110 002
अशोक राजपथ, साइंस कॉलेज के सामने
पटना-800 006
1, अनमोल सोराबजी संतुक लेन, धोबी तलाव,
मरीन लाइंस, मुम्बई-400 002

पहला संस्करण : 1940
पुनर्नवा संस्करण : 2022
तीसरा संस्करण : 2024

बी.के. ऑफसेट
नवीन शाहदरा, दिल्ली-110 032
द्वारा मुद्रित

DWANDWAGEET
Poems by Ramdhari Singh 'Dinkar'

ISBN : 978-81-8031-355-4

मूल्य : ₹ 495

प्रिय मित्र जगदीश मिश्र कोकिल के योग्य
जिन्हें द्वन्द्वगीत के पद बहुत प्यारे रहे हैं।

इतिहास

'द्वन्द्वगीत' के पदों का आरम्भ उन दिनों हुआ था, जब कविता की गर्मी मेरी धमनियों में पहले-पहल महसूस होने लगी थी और मैं आग की पहली लपट के बहुत करीब था। याद आता है कि इसके पहले पद, सन् 1932 ई. में लिखे गए थे और, प्राय: सन् 1939 ई. तक इसके पदों की कटाई-छँटाई और नये पदों की रचना चलती ही रही। इन वर्षों में मेरे अध्ययन, चिन्तन और अनुभूति का जो रूप रहा, 'द्वन्द्वगीत' के पद, उसकी महीन खुशबू में बसे हुए हैं। मगर, सन् 1939 ई. में जब ये पद, पुस्तक के रूप में, पहले-पहल प्रकाशित हुए, तब एकाध आलोचक कुछ बातों के साथ यह भी कह बैठे कि मैं फासिस्ट होने की राह पर हूँ यानी 'चरण-चरण में एक राग, बजता केवल नूपुर तेरा'—यह पंक्ति जब आलोचकों ने पढ़ी, तब उन्हें ऐसा लगा कि, हो न हो, यह नूपुर हिटलर या मुसोलिनी के पैर का होगा। बात बड़े पते की थी, इसलिए मैंने सोचा कि अब हिन्दी कविता को चतुर पारखी मिल गए हैं और उसका उद्धार अत्यन्त आसन्न है।

मगर, बात वहीं खत्म हो गई और फिर किसी भी आलोचक ने यह नहीं बतलाया कि 'द्वन्द्वगीत' नामक एक छोटी चीज भी हिन्दी में आई है। मेरे ही गर्जन-तर्जन में, मेरा गान लुप्त हो गया, यहाँ तक कि 'द्वन्द्वगीत' की रागिनी 'रसवन्ती' से भी पीछे छूट गई। फिर भी, थोड़ा धन्यवाद करना है तो उन लोगों का, जो हलचल-हंगामों से दूर पड़ जानेवाली चीजों का

भी मूल्य आँकना जानते हैं—अथवा उनका, जो मुँह से चाहे जो भी कहें, मगर दिल से पसन्द आनेवाली चीजों की नकल करके कवियों को अपना मौन अभिनन्दन भेंट किया करते हैं।

बड़ी इच्छा थी कि इस पुस्तक का पुनरुद्धार हो। वह इच्छा आज पूर्ण हो रही है। आशा है, इस इतिहास की पृष्ठभूमि पर पाठक 'द्वन्द्वगीत' को एक बार और पढ़ेंगे।

—दिनकर

मुजफ्फरपुर
वसन्त पंचमी, 1951 ई.

परिवर्द्धित संस्करण

यह 'द्वन्द्वगीत' का नया परिवर्द्धित संस्करण है। द्वन्द्व के कुछ पद इधर मैंने फिर लिखे थे। उन्हें पुस्तक के आरम्भ में दे दिया है। मूल पुस्तक 'तारे ले कर जलन, मेघ आँसू का पारावार लिए'—इस पंक्ति से शुरू होती है। नये द्वन्द्व पहले के द्वन्द्व से ईषत् भिन्न हैं, अतएव उन्हें पुस्तक के बीच अथवा अन्त में देना अच्छा नहीं लगा।

आशा है, इस परिवर्द्धन से भी पाठकों का थोड़ा मनोरंजन हो जाएगा।

—दिनकर

आसिन
सन् 1954 ई.

द्वन्द्वगीत

1

चाहे जो भी फसल उगा ले,
तू जलधार बहाता चल।
जिसका भी घर चमक उठे,
तू मुक्त प्रकाश लुटाता चल।
रोक नहीं अपने अन्तर का
वेग किसी आशंका से,
मन में उठें भाव जो, उनको
गीत बना कर गाता चल।

2

तुझे फिक्र क्या, खेती को
प्रस्तुत है कौन किसान नहीं?
जोत चुका है कौन खेत?
किसको मौसिम का ध्यान नहीं?
कौन समेटेगा, किसके
खेतों से जल बह जायेगा?
इस चिन्ता में पड़ा अगर
तो बाकी फिर ईमान नहीं।

3

तू जीवन का कंठ, भंग
इसका कोई उत्साह न कर,
रोक नहीं आवेग प्राण के,
सँभल-सँभल कर आह न कर।
उठने दे हुंकार हृदय से,
जैसे वह उठना चाहे;
किसका, कहाँ वक्ष फटता है,
तू इसकी परवाह न कर।

4

हम पर्वत पर की पुकार हैं,
वे घाटी के वासी हैं;
वन में भी वे गृही और
हम गृह में भी संन्यासी हैं।
वे लेते कर बन्द खिड़कियाँ
डर कर तेज हवाओं से;
झंझाओं में पंख खोल
उड़ने के हम अभ्यासी हैं।

5

जब-तब मैं सोचता कि क्यों
छन्दों के जाल बिछाता हूँ,
सुनता भी कोई कि शून्य में
मैं झंझा-सा गाता हूँ।
आयेगा वह कभी पियासे
गीतों को शीतल करने,
जीवन के सपने बिखेर कर
जिसका पन्थ सजाता हूँ?

6

रोक हृदय में उसे, अतल से
मेघ उठा जो आता है।
घिरती है जो सुधा, बोल कर
तू क्यों उसे गँवाता है?
कलम उठा मत दौड़ प्राण के
कंपन पर प्रत्येक घड़ी।
नहीं जानता, गीत लेख
बनते-बनते मर जाता है?

7

छिप कर मन में बैठ और
सुन तो नीरव झंकारों को।
अन्तर्नभ पर देख, ज्योति में
छिटके हुए सितारों को।
बड़े भाग्य से ये खिलते हैं
कभी चेतना के वन में।
यों बिखेरता मत चल सड़कों
पर अनमोल विचारों को।

8

तू जो कहना चाह रहा,
वह भेद कौन जन जानेगा?
कौन तुझे तेरी आँखों से
बन्धु! यहाँ पहचानेगा?
जैसा तू, वैसे ही तो
ये सभी दिखाई पड़ते हैं;
तू इन सबसे भिन्न ज्योति है,
कौन बात यह मानेगा?

9

जादू की ओढ़नी ओढ़ जो
परी प्राण में जागी है;
उसकी सुन्दरता के आगे
क्या यह कीर्ति अभागी है?
पचा सकेगा नहीं स्वाद क्या
इस रहस्य का भी मन में?
तब तो तू, सत्य ही, अभी तक
भी अपूर्ण अनुरागी है।

10

बहुत चला तू केन्द्र छोड़ कर
दूर स्वयं से जाने को;
अब तो कुछ दिन पन्थ मोड़
पन्थी! अपने को पाने को।
जला आग कोई जिससे तू
स्वयं ज्योति साकार बने,
दर्द बसाना भी यह क्या
गीतों का ताप बढ़ाने को!

11

कौन वीर है, एक बार व्रत
लेकर कभी न डोलेगा?
कौन संयमी है, रस पीकर
स्वाद नहीं फिर बोलेगा?
यों तो फूल सभी पाते हैं,
पायेगा फल, किन्तु, वही,
मन में जन्मे हुए वृक्ष का
भेद नहीं जो खोलेगा।

12

तारे लेकर जलन, मेघ
आँसू का पारावार लिये,
संध्या लिये विषाद, पुजारिन
उषा विफल उपहार लिये,
हँसे कौन? तुझको तजकर जो
चला वही हैरान चला,
रोती चली बयार, हृदय में
मैं भी हाहाकार लिये।

13

देखें तुझे किधर से आकर?
नहीं पन्थ का ज्ञान हमें।
बजती कहीं बाँसुरी तेरी,
बस, इतना ही भान हमें।
शिखरों से ऊपर उठने
देती न हाय, लघुता अपनी;
मिट्टी पर झुकने देता है
देव, नहीं अभिमान हमें।

14

एक चाह है, जान सकूँ, यह
छिपा हुआ दिल में क्या है।
सुनकर भी न समझ पाया
इस आखर अनमिल में क्या है।
ऊँचे-टीले पन्थ सामने
अब तक तो विश्राम नहीं,
यही सोच बढ़ता जाता हूँ,
देखूँ, मंजिल में क्या है।

15

चलने दे रेती खराद की,
रुके नहीं यह क्रम तेरा।
अभी फूल मोती पर गढ़ दे,
अभी वृत्त का दे घेरा।
जीवन का यह दर्द मधुर है,
तू न व्यर्थ उपचार करे।
किसी तरह ऊषा तक टिमटिम
जलने दे दीपक मेरा।

16

क्या पूछूँ खद्योत, कौन सुख
चमक-चमक छिप जाने में?
सोच रहा कैसी उमंग है
जलते-से परवाने में।
हाँ, स्वाधीन सुखी हैं, लेकिन
ओ व्याधा के कोर, बता,
कैसा है आनन्द जाल में
तड़प-तड़प रह जाने में?

17

छूकर परिधि-बन्ध फिर आते
विफल खोज आह्वान तुम्हें।
सुरभि-सुमन के बीच देव,
कैसे भाता व्यवधान तुम्हें?
छिपकर किसी पर्ण-झुरमुट में
कभी-कभी कुछ बोलो तो;
कब से रहे पुकार सत्य के
पथ पर आकुल गान तुम्हें!

18

देख न पाया प्रथम चित्र, त्यों
अन्तिम दृश्य न पहचाना,
आदि-अन्त के बीच सुना
मैंने जीवन का अफसाना।
मंजिल थी मालूम न मुझको
और पन्थ का ज्ञान नहीं,
जाना था निश्चय, इससे
चुपचाप पड़ा मुझको जाना।

19

चलना पड़ा बहुत, देखा था
जब तक यह संसार नहीं,
इस घाटी में भी रुक पाया
मेरा यह व्यापार नहीं।
कुदूँगा निर्वाण-जलधि में
कभी पार कर इस जग को,
जब तक शेष पन्थ, तब तक
विश्राम नहीं, उद्धार नहीं।

20

दिये नयन में अश्रु, हृदय में
भला किया जो प्यार दिया,
मुझमें मुझे मग्न करने को
स्वप्नों का संसार दिया।
सब-कुछ दिया मूक प्राणों को
वंशी में वाणी देकर,
पर क्यों हाय, तृषा दी, उर में
भीषण हाहाकार दिया?

21

कितनों की लोलुप आँखों ने
बार-बार प्याली हेरी।
पर, साकी अल्हड़ अपनी ही
इच्छा पर देता फेरी।
हो अधीर मैंने प्याली को
थाम मधुर रस पान किया,
फिर देखा, साकी मेरा था,
प्याली औ' दुनिया मेरी।

22

विभा, विभा, ओ विभा हमें दे,
किरण! सूर्य! दे उजियाली।
आह! युगों से घेर रही
मानव-शिशु को रजनी काली।
प्रभो! रिक्त यदि कोष विभा का
तो फिर इतना ही कर दे;
दे जगती को फूँक, तनिक
झिलमिला उठे यह अँधियाली।

23

तू, वह, सब एकाकी आये,
मैं भी चला अकेला था;
कहते जिसे विश्व, वह तो
इन असहायों का मेला था।
पर, कैसा बाजार? विदा-दिन
हम क्यों इतना लाद चले?
सच कहता हूँ, जब आया
तब पास न एक अधेला था।

24

मेरे उर की कसक हाय,
तेरे मन का आनन्द हुई।
इन आँखों की अश्रुधार ही
तेरे हित मकरन्द हुई।
तू कहता 'कवि' मुझे, किन्तु,
आहत मन यह कैसे माने?
इतना ही है ज्ञात कि मेरी
व्यथा उमड़कर छन्द हुई।

25

मैं रोता था हाय, विश्व
हिमकण की करुण कहानी है।
सुन्दरता जलती मरघट में,
मिटती यहाँ जवानी है।
पर, बोला कोई कि जरा
मोती की ओर निहारो तो।
दो दिन ही हो सही, किन्तु,
देखो कैसा यह पानी है!

26

रूप, रूप, हाँ रूप, सुना था,
जगती है मधु की प्याली।
यहाँ सुधा मिलती अधरों में,
आँखों में मद की लाली।
उतराता ही नित रहता
यौवन रसधार-तरंगों में,
बरसाती मधुकण जीवन में
यहाँ सुन्दरी मतवाली।

27

सो, देखा चाँदनी एक दिन
राज अमा पर छोड़ गयी।
खिजाँ रोकता रहा लाख,
कोयल वन से मुँह मोड़ गयी।
और आज क्यारी क्यों सूनी?
अरे, बता, किसने देखा?
गलबाँही डाले सुन्दरता
काल-संग किस ओर गयी?

28

कलिके, मैं चाहता तुम्हें
उतना जितना यह भ्रमर नहीं,
अरी, तटी की दूब, मधुर तू
उतनी जितना अधर नहीं;
किसलय, तू भी मधुर,
चन्द्रवदनी निशि, तू मादक रानी।
दुःख है, इस आनन्द-कुंज में
मैं ही केवल अमर नहीं।

29

दूब-भरी इस शैल-तटी में
उषा विहँसती आयेगी,
युग-युग कली हँसेगी, युग-युग
कोयल गीत सुनायेगी,
घुल-मिल चन्द्र-किरण में
बरसेगी भू पर आनन्द-सुधा,
केवल मैं न रहूँगा, यह
मधु-धार उमड़ती जायेगी।

30

बिछुड़े मित्र, छला मैत्री ने,
जग ने अगणित शाप दिये;
अश्रु पोंछ तू दूब-फूल से
मन बहलाती रही प्रिये।
भूलूँगा न प्रिया की चितवन,
मैत्री की शीतल छाया,
जाऊँगा जगती से, लेकिन,
तेरी भी तसवीर लिये।

31

यह फूलों का देश मनोरम
कितना सुन्दर है रानी!
इससे मधुर स्वर्ग? परियाँ
तुझ-सी क्या सुन्दर कल्याणी?
अरे, मरूँगा कल तो फिर क्यों
आज नहीं रसधार बहे?
फूल-फूल पर फिरे न क्यों
कविता तितली-सी दीवानी?

32

पाटल-सा मुख, सरल, श्याम दृग
जिनमें कुछ अभिमान नहीं,
सरल मधुर वाणी जिससे
मादक कवियों के गान नहीं;
रेशम के तारों से चिकने बाल,
हृदय की क्या जानूँ?
आँखें मुग्ध देखतीं, रहता
पाप-पुण्य का ध्यान नहीं।

33

बार-बार द्वादशी-चन्द्र की
किरणों में तू मुसकायी,
बार-बार नवफूलों में तू
रूप-लहर बन लहरायी।
हिमकण से भींगे गुलाब तू
चुनती थी उस दिन वन में,
बार-बार उसकी पुलक-स्मृति
उमड़-उमड़ दृग में छायी।

34

ये नवनीत-कपोल, गुलाबों
की जिनमें लाली खोयी;
ये नलिनी-से नयन, जहाँ
काजल बन लघु अलिनी सोयी;
कोंपल से अधरों को रँगकर
कब वसन्त-कर धन्य हुआ?
किस विरही ने तनु की यह
धवलिमा आँसुओं में धोयी?

35

युग-युग से तूलिका चित्र
खींचते विफल, असहाय थकी,
उपमा रही अपूर्ण, निखिल
सुषमा चरणों पर आन झुकी।
बार-बार कुछ गाकर कुछ की
चिन्ता में कवि दीन हुआ;
सुन्दरि! कहाँ कला अब तक भी
तुझे छन्द में बाँध सकी?

36

उतरी दिव्य-लोक से भू पर
तू बन देवि! सुधा-सलिला,
प्रथम किरण जिस दिन फूटी थी,
उस दिन पहला स्वप्न खिला।
फूटा कवि का कण्ठ, प्रथम
मानव के उर की खिली कली,
मधुर ज्योति जगती में जागी,
सत्-चित् को आनन्द मिला।

37

जिस दिन विजन, गहन कानन में
ध्वनित मधुर मंजीर हुई
चौंक उठे ये प्राण, शिराएँ
उर की विकल अधीर हुई।
तूने बन्दी किया हृदय में,
देवि, मुझे तो स्वर्ग मिला,
आलिंगन में बँधा और
ढीली जग की जंजीर हुई।

38

तू मानस की मधुर कल्पना,
वाणी की झंकार सखी!
गानों का अन्तर्गायन तू
प्राणों की गुंजार सखी!
मैं अजेय सोचा करता हूँ,
क्यों पौरुष बलहीन यहाँ?
सब कुछ होकर भी आखिर हूँ
चरणों का उपहार सखी!

39

खोज रही तितली-सी वन-वन
तुम्हें कल्पना दीवानी।
रँगती चित्र बैठ निर्जन में
रूपसि! कविता कल्याणी।
मैं निर्धन ऊँघती कली-से
स्वप्न बिछा निर्जन पथ पर
बाट जोहता हूँ कुटीर में
आओ अलका की रानी!

40

कुछ सुन्दरता छिपी मुकुल में,
    कुछ हँसते-से फूलों में;
कुछ सुहागिनी के कपोल,
    काजल, सिन्दूर, दुकूलों में।
कविते, भूल न इस उपवन पर,
    मृत-कुसुमों की याद करे;
वह होगी कैसी छवि जो
    छिप रही चिता की धूलों में?

41

आह, चाहता मैं क्यों जाये
जग से कभी वसन्त नहीं?
आशा-भरे स्वर्ण-जीवन का
किसी रोज हो अन्त नहीं?
था न कभी, तो फिर क्या चिन्ता
आगे कभी नहीं हूँगा?
यदि पहले था, तो क्या हूँगा
अब से अरे, अनन्त नहीं?

42

भू की झिलमिल रजत-सरित ही
घटा गगन की काली है;
मेहँदी के उर की लाली ही
पत्तों में हरियाली है;
जुगनू की लघु विभा दिवा में
कलियों की मुसकान हुई;
उडु को ज्योति उसी ने दी,
जिसने निशि को अँधियाली है।

43

जीवन ही कल मृत्यु बनेगा,
और मृत्यु ही नव-जीवन,
जीवन-मृत्यु-बीच तब क्यों
द्वन्द्वों का यह उत्थान-पतन?
ज्योति-विन्दु चिर नित्य अरे, तो
धूल बनूँ या फूल बनूँ,
जीवन दे मुसकान जिसे, क्यों
उसे कहो दे अश्रु मरण?

44

जाग प्रिये! यह अमा स्वयं
बालारुण-मुकुट लिये आयी,
जल, थल, गगन, पवन, तृण, तरु पर
अभिनव एक विभा छायी;
मधुपों ने कलियों को पाया,
किरणें लिपट पड़ीं जल से,
ईर्ष्यावती निशा अब बीती,
चकवा ने चकवी पायी।

45

दो अधरों के बीच खड़ी थी
भय की एक तिमिर-रेखा,
आज ओस के दिव्य कणों में
धुल उसको मिटते देखा।
जाग, प्रिये! निशि गयी, चूमती
पलक उतरकर प्रात-विभा,
जाग, लिखे चुम्बन से हम
जीवन का प्रथम मधुर लेखा।

46

अधर-सुधा से सींच, लता में
कटुता कभी न आयेगी,
हँसनेवाली कली एक दिन
हँसकर ही झर जायेगी।
जाग रहे चुम्बन में तो क्यों
नींद न स्वप्न मधुर होगी?
मादकता जीवन की पीकर
मृत्यु मधुर बन जायेगी।

47

और नहीं तो क्यों गुलाब की
गमक रही सूखी डाली?
सुरा बिना पीते मस्ताने
धो-धो क्यों टूटी प्याली?
उगा अरुण प्राची में तो क्यों
दिशा प्रतीची जाग उठी?
चूमा इस कपोल पर, उसपर
कैसे दौड़ गयी लाली?

48

रति अनंग शासित धरणी यह,
ठहर पथिक मधु रस पी ले;
इन फूलों की छाँह जुड़ा ले,
कर ले शुष्क अधर गीले;
आज सुमन-मण्डप में सोकर
परदेसी! निज श्रान्ति मिटा;
चरण थके होंगे, तेरे पथ
बड़े अगम, ऊँचे-टीले।

49

कुसुम-कुसुम में प्रखर वेदना,
नयन-अधर में शाप यहाँ,
चन्दन में कामना-वह्नि, विधु
में चुम्बन का ताप यहाँ।
उर-उर में बंकिम धनु, दृग-दृग
में फूलों के कुटिल विशिख;
यह पीड़ा मधुमयी, मनुज
बिंधता आ अपने-आप यहाँ।

50

यहाँ लता मिलती तरु से
मधु कलियाँ हमें पिलाती हैं,
पीती ही रहतीं यौवन-रस,
आँखें नहीं अघाती हैं।
कर्मभूमि के थके श्रमिक को
इस निकुंज की मधुबाला
एक घूँट में शान्ति मिटाकर
बेसुध, मत्त बनाती है।

51

यात्री हूँ अति दूर देश का,
पल-भर यहाँ ठहर जाऊँ,
थका हुआ हूँ, सुन्दरता के
साथ बैठ मन बहलाऊँ;
'एक घूँट बस और'—हाय रे,
ममता छोड़ चलूँ कैसे?
दूर देश जाना है, लेकिन,
यह सुख रोज कहाँ पाऊँ?

52

'दूर-देश'—हाँ ठीक, याद है,
यह तो मेरा देश नहीं;
इससे होकर चलो, यहीं तक
रुकने का आदेश नहीं।
बजा शंख, कारवाँ चला,
साकी, दे विदा, चलूँ मैं भी,
कभी-कभी हम गिन पाते हैं
प्रिये! मीन औ' मेष नहीं।

53

सचमुच, मधुफल लिये मरण का
जीवन-लता फलेगी क्या?
आग करेगी दया? चिता में
काया नहीं जलेगी क्या?
कहती है कल्पना, मधुर
जीवन को क्यों कटु अन्त मिले?
पर, जैसे छलती वह सबको
वैसे मुझे छलेगी क्या?

54

मधुबाले! तेरे अधरों से
मुझको रंच विराग नहीं,
यह न समझना देवि! कुटिल
तीरों के दिल पर दाग नहीं;
जी करता है हृदय लगाऊँ,
पल-पल चूमूँ, प्यार करूँ,
किन्तु, आह! यदि हमें जलाती
क्रूर चिता की आग नहीं।

55

दो कोटर को छिपा रहीं
मदमाती आँखें लाल सखी!
अस्थि-तन्तु पर ही तो हैं
ये खिले कुसुम-से गाल सखी!
और कुचों के कमल? झरेंगे
ये तो जीवन से पहले,
कुछ थोड़ा-सा मांस प्राण का
छिपा रहा कंकाल सखी!

56

बचे गहन से चाँद, छिपाऊँ
किधर? सोच चल होता हूँ,
मौत साँस गिनती तब भी जब
हृदय लगाकर सोता हूँ।
दया न होगी हाय, प्रलय को
इस सुन्दर मुखड़े पर भी,
जिसे चूम हँसती है दुनिया,
उसे देख मैं रोता हूँ।

57

जाग, देख फिर आज बिहँसती
कल की वही उषा आयी,
कलियाँ फिर खिल उठीं, सरित पर
परिचित वही विभा छायी,
रंजित मेघों से मेदुर नभ
उसी भाँति फिर आज हँसा,
भू पर, मानो, पड़ी आज तक
कभी न दुःख की परछाईं।

58

रँगने चलीं ओस-मुख किरणें
खोल क्षितिज का वातायन,
जाने, कहाँ चले उड़-उड़कर
फूलों की ले गन्ध पवन;
हँसने लगे फूल, किस्मत पर
रोने का अवकाश कहाँ?
बीते युग, पर भूल न पायी
सरल प्रकृति अपना बचपन।

59

मैं भी हँसूँ फूल-सा खिलकर?
शिशु अबोध हो लूँ कैसे?
पीकर इतनी व्यथा, कहो,
तुतली वाणी बोलूँ कैसे?
जी करता है, मत्त वायु बन
फिरूँ; कुंज में नृत्य करूँ,
पर, हूँ विवश हाय, पंकज का
हिमकण हूँ, डोलूँ कैसे?

60

शान्त पाप! जग के मंगल में
रो मेरे कवि और नहीं,
सुधा-सिक्त पल ये, आँसू का
समय नहीं, यह ठौर नहीं;
अन्तर्जलन रहे अन्तर में,
आज बसन्त-उछाह यहाँ;
आँसू देख कहीं मुरझें
बौरे आमों के मौर नहीं।

61

औ' रोना भी व्यर्थ, मृदुल जब
हुआ व्यथा को भार नहीं,
आँसू पा बढ़ता जाता है,
घटता पारावार नहीं;
जो कुछ मिले भोग लेना है,
फूल हों कि हों शूल सखे!
पश्चात्ताप यही कि नियति पर
हमें स्वल्प अधिकार नहीं।

62

कौन बड़ाई, चढ़े श्रृंग पर
अपना एक बोझ लेकर!
कौन बड़ाई, पार गये यदि
अपनी एक तरी खेकर?
अबुध-विज्ञ को माँ यह धरती
उसको तिलक लगाती है,
खुद भी चढ़े, साथ ले झुककर
गिरतों को बाँहें देकर।

63

पत्थर ही पिघला न, कहो
करुणा की रही कहानी क्या?
टुकड़े दिल के हुए नहीं,
तब बहा दृगों से पानी क्या?
मस्ती क्या जिसको पाकर फिर
दुनिया की भी याद रही?
डरने लगी मरण से तो फिर
चढ़ती हुई जवानी क्या?

64

नूर एक वह रहे तूर पर,
        या काशी के द्वारों में;
ज्योति एक वह खिले चिता में,
        या छिप रहे मजारों में।
बहती नहीं उमड़ कूलों से,
        नदियों को कमजोर कहो;
ऐसे हम, दिल भी कैदी है
        ईंटों की दीवारों में।

65

किरणों के दिल चीर देख,
सबमें दिनमणि की लाली रे!
चाहे जितने फूल खिलें
पर, एक सभी का माली रे!
साँझ हुई, छा गयी अचानक
पूरब में भी अँधियाली,
आती उषा, फैल जाती
पश्चिम में भी उजियाली रे!

66

ठोकर मार फोड़ दे उसको
जिस बरतन में छेद रहे,
वह लंका जल जाय जहाँ
भाई-भाई में भेद रहे।
गजनी तोड़े सोमनाथ को,
काबे को दें फूँक शिवा,
जले कुराँ अरबी रेतों में,
सागर जा फिर वेद रहे।

67

रह-रह कूक रही मतवाली
कोयल कुंज-भवन में है,
श्रवण लगा सुन रहीं दिशाएँ,
स्थिर शशि मध्य गगन में है।
किसी महा-सुख में तन्मय
मंजरी आम्र की झुकी हुई,
अभी पूछ मत प्रिये, छिपी-सी
मृत्यु कहाँ जीवन में है?

68

तू बैठी ही रही हृदय में
चिन्ताओं का भार लिये,
जीवन-पूर्व मरण-पर भेदों
के शत जटिल विचार लिये;
शीर्ण वसन तज इधर प्रकृति ने
नूतन पट परिधान किया,
आ पहुँचा लो अतिथि द्वार पर
नूपुर की झंकार किये।

69

वृथा यत्न, पीछे क्या छूटा,
इस रहस्य को जान सकें;
वृथा यत्न, जिस ओर चले
हम उसे अभी पहचान सकें।
होगा कोई क्षण उसका भी,
अभी मोद से काम हमें;
जीवन में क्या स्वाद, अगर
खुलकर हम दो पल गा न सकें?

70

तुम्हें मरण का सोच निरन्तर,
तो पीयूष पिया किसने?
तुम असीम से चकित, इसे
सीमा में बाँध लिया किसने?
सब आये हँस, बोल, सोच,
कह, सुन मिट्टी में लीन हुए!
इस अनन्त विस्मय का सुन्दरि!
उत्तर कहो दिया किसने?

71

छोड़े पोथी-पत्र, मिला जब
अनुभव में आह्लाद मुझे,
फूलों की पत्ती पर अंकित
एक दिव्य संवाद मुझे;
दहन धर्म मानव का पाया,
अतः, दुःख भयहीन हुआ;
अब तो दह्यमान जीवन में
भी मिलता कुछ स्वाद मुझे।

72

एक-एक कर सभी शिखाओं
को मैं गले लगाऊँगा,
भोगूँगा यातना कठिन,
दुर्वह सुख-भार उठाऊँगा;
रह न जाय अज्ञेय यहाँ कुछ,
आया तो इतना कर लूँ;
बढ़ने दो, जीवन की अति से
अधिक निकट मैं जाऊँगा।

73

मधु-पूरित मंजरी आम्र की
देखो, नहीं सिहरती है;
चू न जाय रस-कोष कहीं,
इससे मन-ही-मन डरती है!
पर, किशोर कोंपलें विटप की
निज को नहीं सँभाल सकीं,
पा ऋतुपति का ताप द्रवित
उर का रस अर्पण करती हैं।

74

प्राणों में उन्माद वर्ष का,
गीतों में मधुकण भर लें;
जड़-चेतन बिंध रहे, हृदय पर
हम भी केशर के शर लें।
यह विद्रोही पर्व प्रकृति का
फिर न लौटकर आवेगा;
सखि! बसन्त को खींच हृदय में
आओ आलिंगन कर लें।

75

पहली सीख यही जीवन की,
अपने को आबाद करो,
बस न सके दिल की बस्ती, तो
आग लगा बरबाद करो।
खिल पायें, तो कुसुम खिलाओ,
नहीं? करो पतझाड़ इसे,
या तो बाँधो हृदय फूल से,
याकि इसे आजाद करो।

76

मैं न जानता था अब तक;
यौवन का गरम लहू क्या है;
मैं पीता क्या निर्निमेष?
दृग में भर लाती तू क्या है?
तेरी याद, ध्यान में तेरे
विरह-निशा कटती सुख से,
हँसी-हँसी में किन्तु, हाय,
दृग से पड़ता यह चू क्या है?

77

उमड़ चलो यमुना प्राणों की,
हेम-कुम्भ भर जाओ तो;
भूले भी आ कभी तीर पर
नूपुर सजनि! बजाओ तो।
तनिक ठहर तट से झुक देखो,
मुझ में किसका बिम्ब पड़ा?
नील वारि को अरुण करो,
चरणों का राग बहाओ तो।

78

दौड़-दौड़ तट से टकरातीं
लहरें लघु रो-रो सजनी!
इन्हें देख लेने दो जी भर,
मुख न अभी मोड़ो सजनी!
आज प्रथम संध्या सावन की,
इतनी भी तो करो दया,
कागज की नौका में धीरे
एक दीप छोड़ो सजनी!

79

प्रकृति अचेतन दिव्य रूप का
स्वागत उचित सजा न सकी
ऊषा का पट अरुण छीन
तेरे पथ बीच बिछा न सकी।
रज न सकी बन कनक-रेणु,
कंटक को कोमलता न मिली,
पग-पग पर तेरे आगे वसुधा
मृदु कुसुम खिला न सकी।

80

अब न देख पाता कुछ भी यह
भक्त विकल, आतुर तेरा,
आठों पहर झूलता रहता
दृग में श्याम चिकुर तेरा।
अर्थ ढूँढ़ते जो पद में,
मैं क्या उनको निर्देश करूँ?
चरण-चरण में एक नाद,
बजता केवल नूपुर तेरा।

81

पूजा का यह कनक-दीप
खँडहर में आन जलाया क्यों?
रेगिस्तान हृदय था मेरा,
पाटल-कुसुम खिलाया क्यों?
मैं अन्तिम सुख खोज रहा था
तप्त बालुओं में गिरकर।
बुला रहा था सर्वनाश को
यह पीयूष पिलाया क्यों?

82

तुझे ज्ञात जिसके हित इतना
मचा रहा कल-रोर, सखी!
खड़ा पान्थ वह उस पथ पर
जाता जो मरघट ओर, सखी!
यह विस्मय! जंजीर तोड़
कल था जिसने वैराग्य लिया,
आज उसी के लिए हुआ
फूलों का पाश कठोर, सखी!

83

बोल, दाह की कोयल मेरी
बोल दहकती डारों पर,
अर्द्ध-दग्ध तरु की फुनगी पर,
निर्जल सरित कगारों पर।
अमृत-मन्त्र का पाठ कभी
मायाविनि! मृषा नहीं होता,
उगी जा रहीं नयी कोंपलें
तेरी मधुर पुकारों पर।

84

दृग में सरल ज्योति पावन,
वाणी में अमृत-सरस क्या है?
ताप-विमोचन कुछ अमोघ
गुणमय यह मधुर परस क्या है?
धलि-रचित प्रतिमे! तुम भी तो
मर्त्यलोक की एक कली,
ढूँढ़ रहा फिर यहाँ विरम
मेरा मन चकित, विवश क्या है?

85

चिर-जाग्रत वह शिखा, जला तू
गयी जिसे मंगल-क्षण में;
नहीं भूलती कभी, कौंध
जो विद्युत समा गयी घन में।
बल समेट यदि कभी देवता
के चरणों में ध्यान लगा;
चिकुर-जाल से घिरा चन्द्रमुख
सहसा घूम गया मन में।

86

अमित बार देखी है मैंने
चरम-रूप की वह रेखा,
सच है, बार-बार देखा
विधि का वह अनुपमेय लेखा।
जी-भर देख न सका कभी,
फिर इन्द्रजाल दिखलाओ तो,
बहुत बार देखा, पर लगता
स्यात्, एक दिन ही देखा।

87

हेर थका तू भेद, गगन पर
क्यों उडु-राशि चमकती है?
देख रहा मैं खड़ा, मग्न
आँखों की तृषा न छकती है।
मैं प्रेमी, तू ज्ञान-विशारद,
मुझमें, तुझमें भेद यही,
हृदय देखता उसे, तर्क से
बुद्धि न जिसे समझती है।

८८

उसे पूछ विस्मृति का सुख क्या,
लगा घाव गम्भीर जिसे,
जग से दूर हटा ले बैठी
दिल की प्यारी पीर जिसे।
जागरूक ज्ञानी बनकर जो
भेद नहीं तू जान सका,
पूछ, बतायेगा, फूलों की
बाँध चुकी जंजीर जिसे।

89

हर साँझ एक वेदना नयी,
हर भोर सवाल नया देखा;
दो घड़ी नहीं आराम कहीं,
मैंने घर-घर जा-जा देखा।
जो दवा मिली पीड़ाओं की,
उसमें भी कोई पीर नयी;
मत पूछ कि तेरी महफिल में
मालिक, मैंने क्या-क्या देखा।

90

जिनमें बाकी ईमान, अभी
वे भटक रहे वीरानों में,
दे रहे सत्य की जाँच
आखिरी दम तक रेगिस्तानों में।
ज्ञानी वह जो हर कदम धरे
बचकर तप की चिनगारी से,
जिनको मस्तक का मोह नहीं,
उनकी गिनती नादानों में।

91

मैंने देखा आबाद उन्हें
जो साथ जीस्त के जलते थे,
मंजिलें मिलीं उन वीरों को
जो अंगारों पर चलते थे।
सच मान, प्रेम की दुनिया में
थी मौत नहीं, विश्राम नहीं,
सूरज जो डूबे इधर कभी,
तो जाकर उधर निकलते थे।

92

तुम भीख माँगने जब आये,
धरती की छाती डोल उठी,
क्या लेकर आऊँ पास? निःस्व
अभिलाषा कर कल्लोल उठी।
कूदूँ ज्वाला के अंक-बीच,
बलिदान पूर्ण कर लूँ जब तक,
"मत रँगो रक्त से मुझे", बिहँस
तसवीर तुम्हारी बोल उठी।

93

अब साँझ हुई, किरणें समेट
दिनमान छोड़ संसार चला,
वह ज्योति तैरती ही जाती,
मैं डाँड़ चलाता हार चला।
''दो डाँड़ और दो डाँड़ लगा'',
दो डाँड़ लगाता मैं आया,
दो डाँड़ लगी क्या नहीं? हाय,
जग की सीमा कर पार चला।

94

छवि के चिन्तन में इन्द्रधनुष-सी
मन की विभा नवीन हुई,
श्लथ हुए प्राण के बन्ध, चेतना
रूप-जलधि में लीन हुई।
अन्तर का रंग उँड़ेल प्यार से
जब तूने मुझको देखा,
दृग में गीला सुख बिहँस उठा,
शबनम मेरी रंगीन हुई।

95

पी चुके गरल का घूँट तीव्र,
हम स्वाद जीस्त का जान चुके,
तुम दुःख, शोक बन-बन आये,
हम बार-बार पहचान चुके।
खेलो नूतन कुछ खेल, देव!
दो चोट नयी, कुछ दर्द नया,
यह व्यथा विरस निःस्वाद हुई,
हम सार भाग कर पान चुके।

96

खोजते स्वप्न का रूप शून्य
में निरवलम्ब अविराम चलो,
बस की बस इतनी बात, पथिक!
लेते अरूप का नाम चलो।
जिनको न तटी से प्यार, उन्हें
अम्बर में कब आधार मिला?
यह कठिन साधना-भूमि, बन्धु!
मिट्टी को किये प्रणाम चलो।

97

बाँसुरी विफल, यदि कूक-कूक
मरघट में जीवन ला न सकी,
सूखे तरु को पनपा न सकी,
मुर्दों को छेड़ जगा न सकी।
यौवन की वह मस्ती कैसी
जिसको अपना ही मोह सदा?
जो मौत देख ललचा न सकी।
दुनिया में आग लगा न सकी।

98

पी ले विष का भी घूँट बहक,
तब मजा सुरा पीने का है,
तनकर बिजली का वार सहे,
यह गर्व नये सीने का है।
सिर की कीमत का भान हुआ,
तब त्याग कहाँ? बलिदान कहाँ?
गरदन इज्जत पर दिये फिरो,
तब मजा यहाँ जीने का है।

99

धरती से व्याकुल आह उठी;
मैं दाह भूमि का सह न सका,
दिल पिघल-पिघल उमड़ा लेकिन,
आँसू बन-बनकर बह न सका।
है सोच मुझे दिन-रात यही,
क्या प्रभु को मुँह दिखलाऊँगा?
जो कुछ कहने मैं आया था,
वह भेद किसी से कह न सका।

100

रंगीन दलों पर जो कुछ था,
तसवीर एक वह फानी थी,
लाली में छिपकर झाँक रही
असली दुनिया नूरानी थी।
मत पूछ फूल की पत्ती में
क्या था कि देख खामोश हुआ;
तूने समझा था मौन जिसे,
मेरे विस्मय की बानी थी।

101

चाँदनी बनायी, धूप रची,
भूतल पर व्योम विशाल रचा,
कहते हैं, ऊपर स्वर्ग कहीं
नीचे कोई पाताल रचा।
दिल-जले देहियों को केवल
लीला कहकर सन्तोष नहीं;
ओ रचनेवाले! बता, हाय!
आखिर क्यों यह जंजाल रचा?

102

था अनस्तित्व सकता समेट
निज में क्या यह विस्तार नहीं?
भाया न किसे चिर-शून्य, बना
जिस दिन था यह संसार नहीं?
तू राग-मोह से दूर रहा,
फिर किसने यह उत्पात किया?
हम थे जिसमें, उस ज्योति या कि
तम से था किसको प्यार नहीं?

103

सम्पुटित कोष को चीर, बीज-
कण को किसने निर्वास दिया?
किसको न रुचा निर्वाण? मिटा
किसने तुरीय का वास दिया?
चिर-तृषावन्त कर दूर किया
जीवन का देकर शाप हमें,
जिसका न अन्त वह पन्थ, लक्ष्य—
सीमा-विहीन आकाश दिया।

104

क्या सृजन-तत्त्व की बात करें,
मिलता जिसका उद्देश नहीं?
क्या चलें? मिला जो पन्थ हमें
खुलता उसका निर्देश नहीं।
किससे अपनी फरियाद करें
मर-मर जी-जी चलनेवाले?
गन्तव्य अलभ, जिससे होकर
जाते वह भी निज देश नहीं।

105

कितने आये जो शून्य-बीच
खोजते विफल आधार चले,
जब समझ नहीं पाया जग को,
कह असत् और निस्सार चले।
माया को छाया जान भुला,
पर, वे कैसे निश्चिन्त चलें?
अगले जीवन की ओर लिये
सिर पर जो पिछला भार चले।

106

जो सृजन असत्, तो पुण्य-पाप
का श्वेत-नील बन्धन क्यों है?
स्वप्नों के मिथ्या-तन्तु-बीच
आबद्ध सत्य जीवन क्यों है?
हम स्वयं नित्य, निर्लिप्त अरे,
तो क्यों शुभ का उपदेश हमें?
किस चिन्त्य रूप का अन्वेषण?
यह आराधन-पूजन क्यों है?

107

यह भार जन्म का बड़ा कठिन,
कब उतरेगा, कुछ ज्ञात नहीं,
धर इसे कहीं विश्राम करें,
अपने बस की यह बात नहीं।
सिर चढ़ा भूत यह हाँक रहा,
हम ठहर नहीं पाये अब तक,
जिस मंजिल पर की शाम, वहाँ
करने को रुके प्रभात नहीं।

108

हर घड़ी प्यास, हर रोज जलन,
मिट्टी में थी यह आग कहाँ?
हमसे पहले था दुःखी कौन?
था अमिट व्यथा का राग कहाँ?
लो जन्म; खोजते मरो विफल;
फिर जन्म; हाय, क्या लाचारी!
हम दौड़ रहे जिस ओर सतत,
वह अव्यय अमिय-तड़ाग कहाँ?

109

गत हुए अमित कल्पान्त, सृष्टि
पर, हुई सभी, आबाद नहीं,
दिन से न दाह का लोप हुआ,
निशि ने छोड़ा अवसाद नहीं।
बरसी न आज तक वृष्टि जिसे
पीकर मानव की प्यास बुझे,
हम भली भाँति यह जान चुके
तेरी दुनिया में स्वाद नहीं।

110

हम ज्यों-ज्यों आगे बढ़े, दृष्टि-पथ
से छिपता आलोक गया,
सीखा ज्यों-ज्यों नव ज्ञान, हमें
मिलता त्यों-त्यों नव शोक गया।
हाँ, जिसे प्रेम हम कहते हैं,
उसका भी मोल पड़ा देना,
जब मिली संगिनी, अदन गया,
कर से विरागमय लोक गया।

111

भू पर उतरे जिस रोज, धरी
पहिले से ही जंजीर मिली,
परिचय न द्वन्द्व से था, लेकिन,
धरती पर संचित पीर मिली।
जब हार दुःखों से भाग चले,
तब तक सत्पथ का लोप हुआ,
जिसपर भूले सौ लोग गये,
सम्मुख वह भ्रान्त लकीर मिली।

112

नव-नव दुःख की ज्वाला कराल,
जलता अबोध संसार रहे,
हर घड़ी सृष्टि के बीच गूँजता
भीषण हाहाकार रहे।
कर नमन तुझे किस आशा में
हम दुःख-शोक चुपचाप सहें?
मालिक कहने को तुझे हाय,
क्यों दुःखी जीव लाचार रहे?

113

भेजा किसने? क्यों? कहाँ?
भेद अब तक न क्षुद्र यह जान सका।
युग-युग का मैं यह पथिक श्रान्त
अपने को अब तक पा न सका।
यह अगम सिन्धु की राह, और
दिन ढला, हाय! फिर शाम हुई;
किस कूल लगाऊँ नाव? घाट
अपना न अभी पहचान सका।

114

हम फूल-फूल में झाँक थके,
तुम उड़ते फिरे बयारों में,
हमने पलकें कीं बन्द, छिटक
तुम हँसने लगे सितारों में।
रोकर खोली जब आँख, तुम्हीं-
सा आँसू में कुछ दीख पड़ा,
उँगली छूने को बढ़ी, तभी
तुम छिपे ढुलक नीहारों में।

115

तिल-तिलकर हम जल चुके,
विरह की तीव्र आँच कुछ मंद करो,
सहने की अब सामर्थ्य नहीं,
लीला-प्रसार यह बन्द करो।
चित्रित भ्रम-जाल समेट धरो,
हम खेल खेलते हार चुके,
निर्वापित करो प्रदीप, शून्य में
एक तुम्हीं आनन्द करो।

●●●